Die drei Ebenen des Raumes im Tanz. Ein Vermittlungsexperiment körperlicher Bewegung in den drei räumlichen Dimensionen Labans

Eray Erdem

Bibliografische Information der Deutschen Nationalbibliothek:

Die Deutsche Nationalbibliothek verzeichnet diese Publikation in der Deutschen Nationalbibliografie; detaillierte bibliografische Daten sind im Internet über http://dnb.d-nb.de abrufbar.

ISBN: 9783346574381
Dieses Buch ist auch als E-Book erhältlich.

Druck und Bindung: Books on Demand GmbH, Norderstedt Germany
Gedruckt auf säurefreiem Papier aus verantwortungsvollen Quellen

Das vorliegende Werk wurde sorgfältig erarbeitet. Dennoch übernehmen Autoren und Verlag für die Richtigkeit von Angaben, Hinweisen, Links und Ratschlägen sowie eventuelle Druckfehler keine Haftung.

Das Buch bei GRIN: https://www.grin.com/document/1165652

Philipps-Universität Marburg

FB 21: Institut für Sportwissenschaft und Motologie

SE: Körperbildung und Tanz

SS 2019

Die drei Ebenen des Raumes im Tanz
Ein Vermittlungsexperiment körperlicher Bewegung in den drei räumlichen Dimensionen Labans

Abgabetermin: 04.07.2019

Inhaltsverzeichnis

I Abbildungsverzeichnis

1 Einleitung

Tanzen ist heute fester Bestandteil von Lehrplänen in Schulen und Universitäten. Dennoch stellt die Integration von tänzerischer, gymnastischer und rhythmischer Gestaltung von Bewegung in den Sportunterricht keine Selbstverständlichkeit dar. So kann es durchaus vorkommen, dass Lehrkräfte auf großen Widerstand stoßen Tanzen zu unterrichten, da sich die Erwartungen und Vorstellungen der Schülerinnen und Schüler nicht mit dem Unterricht decken. Dabei hat Tanzen aus didaktischer Sicht einen hohen Wert und lässt sich mit den Zielen des Sportunterrichts gut verbinden. Dem Tanzunterricht wird insbesondere die Förderung von Sensibilität, Kreativität. Gestaltungs- und Ausdrucksfähigkeit zugeschrieben (vgl. Cabrera-Rivas & Klinge, 2001, S. 2f.).

Im Mittelpunkt dieses Bewegungsfeldes „stehen sowohl traditionell gebundene Bewegungsformen als auch die gestalterisch-kreative Auseinandersetzung mit der eigenen Bewegung" (Hessisches Kultusministerium, 2018, S. 19). Die Ausdrucksmöglichkeiten des eigenen Körpers zu erfahren und zu reflektieren, bedeutet auch, Formen der Kommunikation zu erproben und sich ästhetisch zu artikulieren (vgl. ebd.). Eine wichtige Voraussetzung für ästhetisches Verhalten ist, sich selbst im Bewegen zu spüren und dessen gewahr zu werden (vgl. Fritsch, 2001, S. 40). Tanzbewegungen können dabei als Medium für ästhetische Erfahrungsprozesse genutzt werden (vgl. ebd., S. 39f.). Tanzen lässt sich in sieben unterschiedliche Dimensionen gliedern (siehe Abb. 1). Dabei erfolgt keine scharfe Trennung, vielmehr überlappen sich die Dimensionen und sind eng miteinander verzahnt. Auf diese Weise erzeugen sie gemeinsam die Vielfalt dieses Bewegungsfeldes. Allerdings bietet jede Dimension ganz bestimmte Zugänge zum Tanzen (vgl. Heusinger, 2009, S. 189).

Im Rahmen dieses Vermittlungsexperiments erfolgt eine Auseinandersetzung mit der räumlichen Dimension. In diesem Zusammenhang werden die verschiedenen Raumebenen nach Rudolf von Laban behandelt. Zunächst erfolgt die Vorstellung des Themas. Darauf folgen die Charakterisierung der Zielgruppe und die Darlegung der mit dem Experiment verbundenen Absichten. Anschließend werden die didaktischen Überlegungen erläutert. Im 5. Kapitel wird die methodische Vorgehensweise beschrieben und begründet. Die eingesetzten Materialien und Musikstücke werden im 6. Kapitel vorgestellt, ehe der tabellarische Stundenverlauf einen Überblick über den Ablauf des Vermittlungsexperiments gibt.

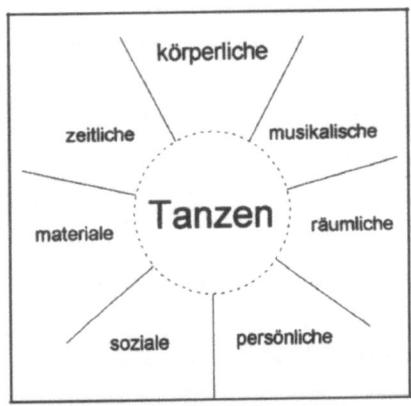

Abbildung 1: Die sieben Dimensionen von Tanz (Heusinger, 2009, S. 189).

2 Die Ebenen des Raumes im Tanz nach Laban

Die Bedeutung der räumlichen Dimension erkennt man davon, dass sich jede Bewegung im Raum in einer Variation von eng am Körper und weit in den Raum hinein gleitend vollzieht (vgl. Heusinger, 2009, S.192). Die Tanzpädagogin Mary Wigman spricht vom Dreigestirn der Zeit, der Kraft und des Raumes, aus welchem „der Tanz lebt" (Wigman zit. nach: Postuwka, 2008, S. 33). Der Raum ist hierbei „der eigentliche Wirkungsbereich des Tänzers, der ihm gehört, weil er ihn gestaltet" (ebd.). Der Tanz eröffnet also neue Möglichkeiten Raum zu gestalten. Tanz kann Raum neu erschaffen und erfahrbar machen, dabei kann der Tanzende sich sogar als Einheit mit dem Raum erleben. Dieses Erleben kann ebenso für den Zuschauer gelten, der den Raum durch den Tanz neu wahrnimmt (vgl. Postuwka, 2008, S.33).

Durch Aktionen und Interaktionen lässt sich die Mehrdimensionalität des Raumes erfahren. Diese Mehrdimensionalität ergibt sich aus der Kombination verschiedener Faktoren: Körperfront, Bewegungsrichtung, Raumebene, Raumweg, Raumdimension und Raumform. Mit der Körperfront lässt sich die Ausrichtung einzelner Personen und diejenige innerhalb einer Gruppe bestimmen. Dabei müssen Front- und Blickrichtung nicht zwangsläufig übereinstimmen. Bei der Bewegungsrichtung geht es um die (Fort-)Bewegung des Körpers nach oben, nach unten, nach vorne, nach hinten und zur Seite. Die Raumebene bestimmt die Höhe, in der die Bewegung ausgeführt wird. Dabei werden die tiefe, die mittlere und die hohe Ebene voneinander unterschieden. Die hohe Ebene wird erreicht, indem man sozusagen über sich hinauswächst durch beispielsweise die Gewichtsübertragung auf die Fußballen, Sprünge und andere

5

Hebungen. Die mittlere Ebene enthält viele Bewegungen, die wir bereits aus dem Alltag kennen. Das Gewicht ist auf den Füßen, der Oberkörper und auch die Beine können dabei gebeugt sein und die Arme können in alle Richtungen bewegt werden. Die tiefe Ebene zeichnet sich durch Bewegungen aus, die wir von Kleinkindern, die noch nicht laufen können, kennen. Die Bewegungen sind nah am Boden wie beispielsweise kriechen, rollen oder krabbeln. Raumwege können gerade und kurvig, offen oder geschlossen verlaufen. Innerhalb einer Gruppe können die Raumwege gleich oder auch unterschiedlich sein. Die Raumform wird durch eine Fortbewegung wie das Laufen im Kreis oder durch Gruppenformationen definiert. Raumformen können offen und geschlossen sein, sie können geometrische Formen darstellen oder auch symmetrische und asymmetrische Verbindungen unterschiedlicher Raumformen. Die Raumdimension lässt sich durch das Öffnen und Schließen, also durch die Ausdehnung einzelner Personen und auch Gruppen definieren (vgl. Gadelha, 2012, S. 31ff.).

In unserem Vermittlungsexperiment haben wir uns für einen Bereich aus der Dimension des Raumes entschieden. Dabei legen wir den Schwerpunkt auf die drei Raumebenen nach Laban. Dieser Aspekt sollen im Folgenden erläutert werden:

Der imaginäre Bewegungsraum gleicht einer Kugel, in der sich der Körper auf einem oder beiden Beinen stehend befindet. Der Raum befindet sich demnach vor und hinter dem Körper, über dem Kopf, um die Standbeine und zu beiden Seiten des Körpers. Besagte „Umraumkugel" (Perrottet, 1983, S. 64) oder „Kinesphäre" dreht sich mit dem sich bewegenden Körper. Innerhalb dieser Raumkugel ist es möglich, drei Höhenlagen zu unterscheiden: eine *hohe,* die sich auf den Raum zwischen den horizontal ausgestreckten Armen an aufwärts bezieht, eine *tiefe,* die den Raum von Hüfthöhe bis zum Boden umfasst, und eine *mittlere* Höhe zwischen den beiden (vgl. ebd., S. 64ff.). Innerhalb der Raumkugel gibt es ein Dimensionalkreuz, das die bevorzugten Bewegungsrichtungen von Tanzenden enthält (dieses erfasst die Bewegungsräume umfassender und eingehender, als es bei der Umraumkugel der Fall ist) . Das Kreuz setzt sich aus drei Achsen zusammen, die sich im Zentrum der Kinesphäre befinden und rechtwinklig zueinander stehen. Die drei Ebenen, die im Folgenden näher beschrieben werden sollen, werden im Gegensatz zum Körper nicht als Linien, sondern Ebenen wahrgenommen. Daraus folgt, dass die Hoch-Tief-Dimension nach rechts und links erweitert; die Vorwärts-Rückwärts-Dimension nach hoch und tief erweitert; und die Rechts-links-Dimension nach vorwärts und rückwärts erweitert ist. Es ist anzumerken, dass die Dimensionalrichtungen bereits in der menschlichen Körperstruktur vorgezeichnet sind: Die Hoch-Tief-Dimension im aufrechten Stand, die Rechts-links-

Dimension durch die beiden symmetrischen Körperseiten, und die Rechts-links-Dimension durch die normale Schrittrichtung. Diese Einteilung ist von großer Wichtigkeit, da der Körper nicht in der Lage ist, eine rein eindimensionale Bewegung zu vollbringen. Die vorliegende Einteilung des Raumes verleiht unseren Bewegungen Vielfalt und Dreidimensionalität (vgl. H. v. Waldegge, 2009, S. 203). Außerdem gibt sie dem Ausführenden Kontrollmöglichkeiten und Sicherheit in freien Bewegungen (vgl. Perrottet, 1983, S. 68).

3   Zielgruppe und Absichten

Unsere Zielgruppe sind hauptsächlich LA beziehungsweise BA Sportstudierende aus unterschiedlichen Fachsemestern, welche zukünftig Jugendliche und Kinder sportpädagogisch unterrichten werden. Wir können auf ein großes persönliches Interesse und breite Kenntnisse von Bewegungsformen schließen. Jedoch sind die spezifischen Kenntnisse bezogen auf Körperbildung und Tanz recht unterschiedlich, was sich häufig daran zeigt, dass neuen Bewegungsformen zunächst mit Zurückhaltung begegnet wird, die sich aber im Laufe der Stunde legt.

Wir wollen den Teilnehmenden einen Zugang zu ihren individuellen Verständnissen von Raum ermöglichen und sie die Bedeutung und Vielseitigkeit von Raum erfahren lassen. Was bedeutet es für das eigene Erleben, sich mit unterschiedlichen Vorstellungen von Raum zu befassen? Wie kann die Bewegung das individuelle Verständnis und Wahrnehmung von Raum formen? Zu solchen Fragen sollen die Studierenden im Laufe der Sitzung Ideen, Anregungen und Erkenntnisse sammeln.

Durch Aufgaben zu den drei Raumebenen Labans sollen die Studierenden diese kennen und praktisch erfahren.

4   Didaktische Überlegungen

Im Folgenden werden die didaktischen Überlegungen zu unserem Vermittlungsexperiment dargelegt. Sie beruhen im Wesentlichen auf den Arbeiten von Heusinger (2009), Fritsch (2001), und Funke-Wieneke (1995).

Der Unterrichtsgegenstand Tanzen behandelt „die Thematisierung individueller Empfindungen und Erlebnisse" (Heusinger, 2009, S. 182). In diesem Zusammenhang geht es für die Teilnehmenden darum, „sich ihrer eigenen Gefühle, Wünsche und Sichtweisen von Welt gewahr [zu, d. Verf.] werden und Formen [zu, d. Verf.] finden, diese zum

Ausdruck zu bringen" (ebd.). Solche ästhetischen Erfahrungen bieten das Potenzial, Bildungsprozesse *durch* den Körper zu ermöglichen (vgl. ebd.). Im Rahmen des Vermittlungsexperiments stehen die drei Kernbereiche des Bewegungsfeldes Körperbildung und Tanzgestaltung im Fokus (vgl. Heusinger, 2009, S. 184):

1. Der Kernbereich der körper- und bewegungsbezogenen Selbstbegegnung,
2. Der Kernbereich des körper- und bewegungsbezogenen Ausdrucks,
3. Der Kernbereich der Kreation und Gestaltung selbst erzeugter Bewegung.

Die Aufwärmphase des Vermittlungsexperiments zielt darauf ab, sich mit den eigenen Bewegungsmöglichkeiten als Teil einer Gruppe auseinanderzusetzen und die eigene Wahrnehmung zu reflektieren (vgl. Fritsch, 2001, S. 40). Dabei sollen die Bewegungen der Studierenden dazu dienen, miteinander zu kommunizieren (vgl. Heusinger, 2009, S. 186). Um dies zu fördern, ist auf die verbale Kommunikation in dieser Phase zu verzichten. Insbesondere die Aufgabe, geometrische Formen als Gruppe zu bilden, beinhaltet den Prozess des Wahrnehmens und Gestaltens und lässt sich somit in den Kernbereich des Ausdrucks zuordnen.

In der Phase der Exploration rückt die Selbstbegegnung in den Mittelpunkt. Dabei wird den Studierenden die Möglichkeit geschaffen, den Körper und die Bewegung in ihrer individuellen Vielfalt zu erfahren. Eine besondere Rolle spielt dabei die Musik. Das Sich-Einlassen auf dieses Material unterstützt, innere Bewegungen hervorzurufen, die dann zu äußeren Bewegungen führen (vgl. Fritsch, 2001, S. 40).

Den Hauptteil des vorliegenden Vermittlungsexperiments bildet die Bewegungsentwicklung und -Gestaltung und fällt entsprechend in den Kernbereich der Kreation und Gestaltung selbst erzeugter Bewegung. Im Vordergrund stehen dabei

> „das Erfinden von Bewegungen, der spontane tänzerische Ausdruck, das Erleben von entlastenden und bereichernden Möglichkeiten der Verfremdung im Tanz sowie das Ordnen, Formen und Durcharbeiten von Formen im Sinne einer übergeordneten Aussage oder Idee" (Heusinger, 2009, S. 187).

Zu Beginn dieser Phase werden die einzelnen Gruppen auf eine Raumebene beschränkt. Die Begrenzung der Bewegungsmöglichkeiten lässt eine neue Formenvielfalt hervorbringen, deren ästhetische Wirkungen erfahren werden sollen (vgl. Fritsch, 2001, S. 40). Die Erfahrung der Grenzen des eigenen Bewegungsvermögens führt zu der Notwendigkeit, den eigenen Körper zum Instrument zu bilden (vgl. ebd., S. 42). Dabei können sich Möglichkeiten zeigen, „an die man nie ‚gedacht' hätte (vgl. Heusinger, 2009, S. 187). Im weiteren Verlauf finden sich die Studierenden aus den 3 unterschiedlichen Raumebenen zu einer Gruppe zusammen, und erarbeiten eine kurze

Tanzsequenz unter Berücksichtigung aller Ebenen. Dabei sollen die unterschiedlichen ästhetischen Erfahrungen der Studierenden als Grundlage für die Entwicklung neuer Ausdrucksformen und Bewegungen dienen.

Im Vermittlungsexperiment werden die Studierenden mit unterschiedlichen Bewegungsaufgaben konfrontiert, die es zu lösen gilt. Dabei steht im Sinne Tholeys die „schöpferische Freiheit" im Vordergrund (vgl. Funke-Wieneke, 1995, S. 13). Demzufolge werden durch die Stundenleitung keine Lösungen vorgegeben oder Bewegungen demonstriert, wie es beim durchgreifenden Lehren praktiziert wird. Stattdessen steht die Unterstützung der Bewegungsphantasie im Vordergrund (vgl. ebd., S. 16). Die Studierenden werden von der Stundenleitung begleitet, und geben je nach Bedarf Angebote und Anregungen zur Problemlösung. Erst wenn die Bewegungsaufgabe für die Lernenden verständlich, einsehbar und dadurch bearbeitbar gemacht worden sind, kann der Weg zur Lösung, durch Fühlen (nach innen), Mitschwingen, Spüren (nach außen), Beobachten, Vermuten, Riskieren, Erproben, Korrigieren, Variieren und Experimentieren, rhythmische Prägnanzen zu gewinnen, beschritten werden (vgl. ebd., S. 14).

Im Rahmen des Vermittlungsexperiments werden auf vielfältige Art und Weise ästhetische Lernprozesse initiiert. Dabei erleben die Studierenden Einengungen, indem sie ihre Choreographien auf einer begrenzten Raumfläche präsentieren sollen. Darüber hinaus wird im Rahmen der Bewegungsaufgabe, Bewegungen ausschließlich auf einer einzelnen Raumebene auszuführen, Widerständigkeit erfahrbar, die die Suche nach individuellen Formen anregen und Phantasien wecken soll. Vor allem die Aufgabe, eine Tanzchoreographie zu entwickeln und aufzuführen, fordert spielerisches Probieren, Experimentieren und Erkunden (vgl. Fritsch, 2001, S. 43f.).

Folglich kann der Schluss gezogen werden, dass das Vermittlungsexperiment Raum und Möglichkeiten für ästhetische Erfahrungen und Bildungsprozesse bietet. Als Grundlage hierfür dienen phantasieanregende Bewegungsaufgaben.

5 Methodische Überlegungen

Im Folgenden werden die methodischen Überlegungen zu unserem Vermittlungsexperiment dargelegt.

5.1 Allgemeine Überlegungen zur Vorgehensweise

Das Warm-up soll als Einstieg in die räumliche Dimension von Tanzen dienen. Dabei sollen die Studierenden erfahren, dass der Raum in Abhängigkeit von der Bewegung immer wieder neu definiert und wahrgenommen werden kann. Auch in der Exploration wollen wir durch bestimmte Impulse der Bewegungsaufgabe möglichst vielfältige Bewegungen provozieren. Diese sollen in der Reflektion verdeutlichen, dass im Tanz durch Tänzer*innen und Betrachter*innen der Raum über die Bewegungen auf verschiedensten Ebenen wirkt. Mit einigen davon befassten sich Blom und Chaplin. Die Qualität, mit welcher Tänzer*innen den Raum nutzen, ob durchdringend, erkundend, bekämpfend, gestaltend oder fallend. Der Tanz umfasst den persönlichen Raum und auch den Ort wie Bühne oder Studio. Er wirkt über Form und Struktur, Funktion wie Symbolik (vgl. Blom & Chaplin, 1982, S.31ff.).

In der Phase der Bewegungsentwicklung und -gestaltung nehmen die Studierenden die Rolle zielsetzender und problemlösender Subjekte ein, welche versuchen werden, die gestellten Bewegungsaufgaben weitestgehend selbstständig zu lösen. Dabei können sie auf Unterstützung der Referentinnen und Referenten zurückgreifen, die ihnen Anregungen bzw. Hinweise geben werden, um das vorliegende Problem lösen zu können (vgl. Funke-Wieneke, 1995, S. 10). Demnach werden den Studierenden keine Vorschriften gemacht, wie sie sich zu bewegen haben bzw. welche Bewegungen miteinbezogen werden müssen, vielmehr sollen die Studierenden selbst einen Weg finden, wie sie an ihr Ziel gelangen, indem sie sich intensiv mit ihren selbst gewählten Bewegungsabläufen auseinandersetzen. Die Bewegungsabläufe sind stets von der motorischen Vorerfahrung jedes einzelnen Studierenden abhängig und können durch die in den vorherigen Übungen gemachten Erfahrungen erweitert werden. So haben sie die Möglichkeit, ihr individuelles körperliches Bewegungsrepertoire in Bezug auf die vorgegebenen Einschränkungen durch die räumlichen Ebenen zu erforschen, eigene körperliche Grenzen zu erkennen und dementsprechend neue Bewegungsmuster zu erschließen. Des Weiteren bieten diese Freiheiten den Studierenden Möglichkeiten eines individuellen ästhetischen Ausdrucks, bei dem sie mithilfe ihrer Bewegung versuchen können Situationen oder Gefühle auszudrücken, die so für die anderen Studierenden sichtbar werden. Somit sind sie in der Lage, sich diesbezüglich frei zu entfalten, wodurch sie unsagbares subjektives Empfinden, Erleben und Betroffensein artikulieren können, indem sie dies für sich selbst und für die anderen Studierenden sinnlich-wirklich greifbar machen (vgl. Fritsch, 2001, S. 37).

5.2. Methodische Vorgehensweise

5.2.1 Warm-up

Der Schwerpunkt wird hier auf Gruppenformationen gelegt, um den Raum aus diesem Blickwinkel zu betrachten und zu erfahren. Raumformationen können auch später im Hauptteil integriert werden.

Zu Beginn des Vermittlungsexperiments wird der Kurs in Gruppen à 3-4 Personen aufgeteilt. Die erste Aufgabe besteht darin, sich gemeinsam in der Gruppe durch den Raum zu bewegen. Als weitere Vorgabe kommt hinzu, dass die Studierenden innerhalb ihrer Gruppen nicht verbal miteinander kommunizieren dürfen, um sich ausschließlich auf die Bewegung und Wahrnehmung im Raum zu konzentrieren. Darüber hinaus werden keine zusätzlichen Einschränkungen gemacht, sodass die Bewegungsaufgabe möglichst offen bleibt.

Anschließend erfolgt eine Reflektion über die gesammelten Erfahrungen. Dabei sollen u. a. folgende Fragen im Mittelpunkt stehen: Wie habt ihr euch im Raum bewegt? Habt ihr unterschiedliche Raumebenen genutzt? Wie habt ihr den Raum wahrgenommen? Nach dieser ersten Bewegungsphase wird den bestehenden Gruppen jeweils eine geometrische Form zugewiesen, die anschließend dargestellt werden soll. Im nächsten Schritt erhalten die Teilnehmenden die Aufgabe, sich in der jeweiligen Gruppenformation durch den Raum zu bewegen. Als Formen werden Linie, Kreis, Halbkreis und Viereck gewählt. Die Gruppenformationen sollen möglichst durchgehend beibehalten werden. Im weiteren Verlauf erhalten die Gruppen die Anregung, den Abstand zu Studierenden ihres Teams zu variieren. So können sie erfahren, wie sich der Raum anfühlt, wenn die Abstände größer oder kleiner werden. Um für weitere Bewegungsreize zu sorgen, werden außerdem unterschiedliche Raumwege vorgeschlagen. Auf diese Weise können gerade und kurvige Linien wie zum Beispiel Zick-Zack und Schlangenlinien erprobt werden. Zum Schluss des Warm-ups erfolgt eine erneute Reflexionsphase, in der die beiden Bewegungsphasen miteinander verglichen werden. Dabei soll erörtert werden, welche (unterschiedlichen) Erfahrungen in der Bewegung durch den Raum gesammelt wurden.

5.2.2 Exploration

Nun wollen wir die Teilnehmenden mit einer explorativen Bewegungsaufgabe auf andere Aspekte ihrer Bewegung im Raum aufmerksam machen. Bei der Anmoderation dieser Aufgabe ist besonders darauf zu achten, dass die Studierenden von Einschränkungen und Erwartungen ablassen und sich selbst ganz der Bewegungsaufgabe widmen. Es soll die Neugierde auf die eigene Körpererfahrung geweckt werden. (vgl. Funke-Wieneke, 1995, S.10-11). Hierzu sind sie angehalten, sich gleichmäßig im Raum zu verteilen und die Augen anfangs zu schließen. Es ist wichtig zu betonen, dass es kein richtig oder falsch im Verständnis und der Durchführung gibt. Die Aufgabe ist auf die ersten ca. 3 Minuten des Liedes Le petit prince von Florian Betz und Philipp Kullen beschränkt und lautet:

Stellt euch vor, in eurer Körpermitte ist eure Energie. Eure Energie möchte aus euch entkommen. Wenn gleich die Musik abgespielt wird, bewegt ihr euch in Interaktion mit dieser Kraft.

Je nach Gruppe und Individuen kann es mehr Anleitung und Herantasten an diese Explorationsaufgabe benötigen. Soziale Ängste, Spannungen in der Gruppe sind hinderlich. Deshalb sollte eine möglichst entspannte Atmosphäre geschaffen werden. Das Augenschließen kann bei schwierigen Gruppen betont und durch Blickrichtung gen Wand verschärft werden. Die Erläuterung des Erfahrungswertes, der mit dem Annehmen dieser Aufgabe ein her gehen kann versichert werden. Außerdem sollte die Aufmerksamkeit nach Innen auf das Individuum gelenkt werden. Die Explorationsaufgabe soll Spannungsverhältnisse von Raumrichtungen, welche von Laban besondere Bedeutung zugeschrieben wurden erlebbar machen. (vgl. Huschka, 2002, S.169). Deshalb gehen wir in der Übung von der Körpermitte aus, um Bewegungen von Innen nach Außen, Oben und Unten zu provozieren. Die Musik gibt ebenfalls Impulse und Orientierung und hat voraussichtlich Einfluss auf die Dynamik der Bewegungen. Sie sollte aber nicht die Bewegungsvorstellungen dominieren. Die Aufgabe in den individuellen Interpretationen von eigener Energie und ihrer Interaktion mit den Teilnehmenden selbst soll Bewegungsvielfalt hervorrufen. Deshalb haben wir ein dynamisches, instrumentelles Stück gewählt, das keine besonders dominanten Komponenten enthält.

5.2.3 Bewegungsentwicklung- und Gestaltung

Mitgebrachte Bewegungsvorstellungen aus der individuellen Bewegungserfahrung der Studierenden sollen nun mit den Bewegungsimpulsen aus der vorherigen explorativen

Übung in die folgende Gruppenarbeitsphase mit drei verschiedenen Gruppen übertragen werden.

Gruppe 1 beschäftigt sich mit der unteren Ebene, Gruppe 2 mit der oberen Ebene und Gruppe 3 mit der mittleren Ebene. Jeder einzelne soll nun zu seiner Ebene erproben, welche Bewegungen in der Ebene möglich sind und so drei bis fünf Elemente auswählen und diese miteinander verbinden. Durch die Beschränkung auf eine Ebene soll bewirkt werden, dass ein Großteil des Potentials erschöpft werden kann und neue, außergewöhnliche und individuelle Bewegungen durch die intensivere Auseinandersetzung entdeckt werden können. Ist dies geschehen, finden sich neue Gruppen zusammen, in denen aus den vorigen Gruppen jeweils eine Person ist, sodass jede Ebene in der Gruppe einmal vertreten ist. Aufgabe der Gruppen ist es nun, zunächst die Bewegungen aus den drei verschiedenen Ebenen, die zuvor ausgewählt worden sind, miteinander zu kombinieren, indem Übergänge zwischen den Ebenen gefunden werden. Die Reihenfolge der Ebenen kann frei gewählt werden. In dieser Arbeitsphase treffen die vielfältigen Bewegungen aus den vorherigen Gruppen aufeinander und werden kombiniert. Ein Vorteil dieser Vorgehensweise ist, dass kein Element verloren geht, sondern wirklich von jedem individuelle Elemente in der Choreographie auftreten. Schließlich kommt es zu einer Präsentation der verschiedenen entstandenen Choreographien, welche von Musik begleitet wird (vgl. Heusinger, 2009, S. 204). Die Aufführungen werden in der Mitte des Raumes auf ca. 4 x 5 Metern präsentiert. Dabei wird die Fläche durch die nicht teilnehmenden Studierenden begrenzt. Somit können die Choreographien nicht nur von vorne, sondern direkt aus mehreren Blickwinkeln betrachtet werden. Dies begünstigt, dass alle Bewegungsabläufe von den Zuschauer*innen bewusst zur Kenntnis genommen werden können.

5.2.4 Abschlussreflexion

Abschließend soll eine kurze Reflexion im Plenum erfolgen mit der Frage, wodurch die Choreographien interessant wurden, und was die Vielfalt und die Abwechslung in den verschiedenen Sequenzen ermöglicht hat. Es könnten hierbei Beobachtungen auftreten wie beispielsweise, dass erst durch den Fokus auf eine Ebene deren breites Bewegungsrepertoire eröffnet wurde (vgl. ebd.).

6   Material und Musik

In der Bewegungsentwicklung- und Gestaltung werden wir den Raum mit kleinen Gummimatten in Rechtecke aufteilen, die je für eine Dreier-Gruppe bestimmt sind. Zusätzlich zu Raum, Musik und Musikanlage werden keine weiteren Materialien benötigt. Zum Warm-up wird das Stück Milestones von Miles Davis gespielt. Die schwungvollen Jazz-Klänge sollen für eine heitere Stimmung sowie für vielfältige Bewegungen sorgen.

Die Bewegungsaufgabe der Exploration wird von dem Musikstück Le petit prince von Florian Betz und Philipp Kullen begleitet. Die Künstler spielen mit 2 Instrumenten einem Sunpan und einer Dumbek. Mit bloßen Händen wird ein klanglich abwechslungsreiches und dynamisches Stück gespielt, welches außerdem vielfältige Bewegungsformen anregt und zulässt.

Die Bewegungsgestaltung soll ebenfalls von Musik begleitet werden, da den Studierenden so eine Orientierung gegeben wird, die das gleichzeitige Bewegen erleichtert. Dies gilt vor allem, wenn auch verschiedene Bewegungswege und –richtungen in den entstehenden Choreographien zur Geltung kommen. Bei der Musikwahl war es uns wichtig, dass auch diese Musik vielfältige Bewegungsformen zulässt. Die Studierenden bekommen hierbei die Wahl, ob sie von einem etwas schnelleren Stück oder einem langsameren begleitet werden möchten. Das schnellere Stück ist von Philip Glass und nennt sich Dancepieces (wird ab 1:10 min gespielt). Das etwas langsamere Stück ist von Hang Massive und heißt The Secret Kissing of the Sun and the Moon.

7 Tabellarischer Stundenverlauf

Zeit	Phase	Aufgabenstellung	Musik/Material
15'	Warm-Up/Einstieg	1. Die Studierenden sollen sich in Gruppen à 3-4 Personen durch den Raum bewegen 1.1. Bewegt euch gemeinsam durch den Raum, ohne dabei miteinander zu sprechen. 2. Reflexion -Wie habt ihr euch im Raum bewegt? -Habt ihr unterschiedliche Raumebenen genutzt? -Wie habt ihr den Raum wahrgenommen? 3. Zuweisung von geometrischen Formen zu den einzelnen Gruppen, die sie als Gruppe beim Bewegen durch den Raum abbilden sollen. (Kreis, Linie, Viereck und Halbkreis) Anregungen zur Variation a) der Abstände zwischen den Gruppenmitgliedern b) der Bewegungswege 4. Reflexion -Vergleich der beiden Bewegungsphasen -Welche verschiedenen Erfahrungen sind gesammelt worden?	
10'	Exploration	Bewegungsaufgabe: Stellt euch vor, in eurer Körpermitte ist eine Energie, welche entkommen möchte. Wenn gleich die Musik abgespielt wird, bewegt ihr euch in Interaktion mit dieser imaginären Kraft. Die Studierenden werden in 3 Gruppen aufgeteilt. Jede Gruppe befasst sich mit einer räumlichen Ebene Labans (Obere, Mittlere und Untere Ebene). 1. Erprobt, welche Bewegungsmöglichkeiten es auf ihrer Ebene gibt und wo euch die Ebene einschränkt. 2. Sucht euch 3 bis 5 Elemente eurer Wahl aus eurer Ebene aus und verbindet diese miteinander.	
30'	Bewegungsentwicklung und -gestaltung	Nun ergeben sich neue Gruppen mit jeweils 3 Personen, in welchen jede Ebene einmal vertreten sein soll: 3. Zeigt euch eure ausgewählten Elemente und verbindet sie anschließend zu einer kleinen Choreographie. 3.1. Entwickelt dabei Übergänge, wie ihr von einer in die nächste Ebene kommt. 3.2. Ihr könnt hierbei ebenfalls die Formationen aus dem Einstieg miteinbeziehen 4. Vorstellung der Choreographien Mögliche Fragen: -Was hat die Choreographien interessant gemacht?	
5'	Abschlussreflexion	-Wodurch wurde die Bewegungsvielfalt ausgelöst?	

15

Literaturverzeichnis

Blom, L.A./Chaplin, L.T. (1982). Space. In: *Dies. The Intimate Act of Choreography*. Pittsburgh: Pittsburgh Press, 31-57.

Cabrera-Rivas, C. & Klinge, A. (2001). Tanzen in der Schule gestalten. In: *Sportpädagogik*, 25 (5), 2-9.

Fritsch, U. (2001). Ästhetische Erziehung. In: Günzel/Laging: *Neues Taschenbuch des Sportunterrichts, Bd. 1.* Hohengehren: Scheider.

Funke-Wieneke, J. (1995). Vermitteln – Schritte zu einem ökologischen Unterrichtskonzept. In: *Sportpädagogik*, 19 (5), 10-17.

Gadelha, C. (2012). *Kreatives Tanzen mit Schulkindern. Ein Leitfaden für Lehrer und Tanzpädagogen*. Leipzig: Henschel.

Hessisches Kultusministerium (Hrsg.) (2018): Kerncurriculum gymnasiale Oberstufe. Sport. [Quelle: https://kultusministerium.hessen.de/sites/default/files/media/kcgo_spo_aenderung_03-2018_final.pdf - letzter Zugriff: 01.07. 2019]

Heusinger von Waldegge, B.(2009). Körperbildung und Tanzgestaltung. In R. Laging (Hrsg.), *Inhalte und Themen des Bewegungs- und Sportunterrichts* (S. 179-213). Baltmannsweiler: Schneider Verlag.

Huschka, S. (2002). Rudolf von Laban. Exploration und Systematisierung raumdynamischer Ausdrucksgebärden (S.164-185).

Perrottet, C. (1983). *Ausdruck in Bewegung und Tanz: Ein Handbuch der Bewegungs- und Tanzerziehung auf der Grundlage der Konzepte Rudolf von Labans*. Bern, Stuttgart: Haupt.

Postuwka, G. (2008). Der Tanz schafft Raum. Sammelband Tanzen, *sportpädagogik*, 33-37.

von Laban, R. (2010). Choreutik. Grundlagen der Raum-Harmonielehre des Tanzes. Wilhelmshaven: Florian Noetzel.

BEI GRIN MACHT SICH IHR WISSEN BEZAHLT

- Wir veröffentlichen Ihre Hausarbeit, Bachelor- und Masterarbeit

- Ihr eigenes eBook und Buch - weltweit in allen wichtigen Shops

- Verdienen Sie an jedem Verkauf

Jetzt bei www.GRIN.com hochladen und kostenlos publizieren